Les Balbutiements

Les Balbutiements

Les Balbutiements

Patrick Huet

Copyright

© 2022 Patrick Huet

Tout droit de reproduction et d'adaptation réservé pour tous pays. Les citations sont autorisées.

L'illustration de couverture est une photo de Patrick Huet d'un tableau situé au monastère royal de Brou (à Bourg en Bresse) représentant un troubadour et la comtesse Alix de Provence. Tableau de Pauline Auzou.

Édition : BoD – Books on Demand,
12/14 rond-point des Champs-Élysées, 75008 Paris
Impression : BoD - Books on Demand, Norderstedt, Allemagne

ISBN : 978-2-322-39113-4
Dépôt légal : février 2022

Pour tout contact :
Patrick Huet – 73 rue Duquesne 69006 Lyon

www.patrickhuet.net

Les Balbutiements

Premiers pas d'un poète.

Dans ce recueil, les premiers pas de Patrick Huet, jeune adolescent, dont le coeur débordait de sensations et d'émotion au point de confier à son cahier les fulgurances qui lui traversaient les sens. Il ne savait rien ou presque de ce qu'on appelait poésie classique et encore moins de ce qu'on appelait poésie libre.
Il écrivait les mots et les vers tels qu'ils surgissaient spontanément sans chercher à s'accorder à un genre ou à un autre.

Patrick Huet est aujourd'hui un poète reconnu, l'auteur notamment d'un poème d'un kilomètre de long écrit en alexandrins.

Mais bien avant cela, bien avant que les rimes et les rythmes ne lui soient instinctifs, son cher cahier d'école recevait les premiers baisers de ses poèmes encore balbutiants.

Les Balbutiements

Dans ce recueil, vous découvrirez une sélection de ses tout premiers poèmes...

Les premiers balbutiements d'un poète en devenir.

Liberté

Je vais de-ci de-là
Marchant à travers bois
Marchant pendant des mois
Jusqu'à en être las.

Je vais tel un oiseau
Volant dans le ciel bleu
Recherchant les jeux
Comme ces bandes de moineaux.

Je vais tel ce ruisseau
Chantant sa liberté
Jouant durant l'été
Derrière ces roseaux.

(Avril 1978)

Les Balbutiements

Il n'avait jamais vu

De toute sa vie, il n'avait jamais vu
Jamais vu quelque chose d'aussi étendu
D'aussi vaste que cette mer
Tant de fois contée par son père.

Cependant, il la voyait aujourd'hui
Et cela avait provoqué en lui
Un grand bouleversement
Une explosion de sentiments.

Elle lui apparaissait d'une puissance
Prête à bouleverser ses sens
À le rendre incapable
De trouver un appui stable.

Il se voyait déjà matelot
Sur un de ces frêles navires
Percevant au loin les rires
Des autres matelots.

Il se lèverait le matin très tôt
Les voiles étant bien serrées

Les Balbutiements

Il irait alors tirer les filets
Toujours sans un mot.

Parfois il aurait un peu faim
Il descendrait alors dans la cambuse
Et chiperait par ruse
Un beau morceau de pain.

La nuit il s'imaginerait des tempêtes
Où dans sa fureur démentielle
Elle lui apparaîtrait irréelle
Où il aurait l'impression de perdre la tête.

Mais arrivera un beau jour
Où, épuisé par un long voyage,
Les marins cesseraient de contempler les nuages
Et pleureraient devant cette île d'amour.

Aussitôt d'un commun accord
Ils jetteraient l'ancre
Et, ravis par ces prunelles d'encre,
Abandonneraient le navire à son sort.

(Avril 1978)

Le médecin de l'an 2000

Passez, passez, je vous prie
N'ayez pas peur,
Oubliez l'heure.
Passez donc, je vous suis.
Laissez donc là ces vilaines idées
Qui souvent vous tracassent,
Il faut un remède efficace
Pour soigner votre cerveau fatigué.
Fatigué par quoi, au fait ?
Ah, vous ne savez pas !
C'est dommage ça
Et moi qui pensais que de cette requête...
Enfin, passons.
Je veux vous voir sortir d'ici frais et dispos
Car vous mettez en jeu ma réputation.
Le métier de médecin, croyez-moi, n'est pas de tout repos.
Il s'en est passé de belles, vous savez.

Les Balbutiements

Oh ! mais en quoi vous intéressent toutes mes histoires
Je vous les raconterai peut-être un soir
Car pour l'instant, ce qui m'intéresse ce sont vos pensées...
....
Eh là ! Eh là ! Vous allez bien trop vite !
Vous ne voyez donc pas que j'hésite ?
Car si je veux voir votre situation s'améliorer
Je dois mettre toutes les chances de mon côté.
De toute façon, à bien y sréfléchir
Votre cas n'est pas le pire.
Je vous propose donc un bon massage de cerveau
Pour vous remettre dans votre peau.
Allez, je vous remets entre les mains de ma télévision
Quant à moi, j'aurais sauvé ma réputation.

(Mai 1978)

Le tigre

Oh tigre aux couleurs zébrées, oh tigre vrai mangeur d'hommes

Tu domines tous les êtres dans les pays, là où tu as fait ton domaine.

Sous tes formes élégantes et ton allure légère, tu caches une force prodigieuse

Rien ne peut t'arrêter, ni l'ours, ni celui qui s'est déclaré maître de la nature : l'Homme.

(1974)

Homme

Homme, tu t'es déclaré maître de la nature
Homme, destructeur des autres animaux.
Tu as, sans remords, tout détruit d'une main sûre
Même ces poissons qui jouaient dans les eaux.

Homme, tu as voulu jouer avec le feu
Homme, tu as voulu jouer l'apprenti sorcier
Tu as, sans remords, détruit par le feu
Même ces enfants d'Hiroshima qui jouaient et criaient.

Homme, tu te croyais le créateur
Homme, tu as trafiqué les gènes
Tu as, sans remords, détruit par l'A. D. N.
Même ces jeunes filles qui jouaient avec les leurs.

Homme, tu t'adonnais à la vivisection
Homme, tu le faisais avec passion.
Tu as, sans remords, détruit par le scalpel
Même les chiens, tes amis les plus fidèles.

Maintenant
Homme, tu ne sais déjà plus quoi faire
Homme, tu t'enfonces dans la misère
Homme, pourchassé même dans les airs
Homme, accepte ça c'est nécessaire.

Pourtant.
Homme, tu t'approches de la guérison
Homme, ne renie pas cette vision
Homme, elle te libérera de ton enfer
Homme, adore-la, c'est ton Père.

(Mars 1978)

La lune luit

La nuit est tombée, le crépuscule n'est plus
La nuit est tombée, les enfants s'endorment sans plus
La nuit est tombée, je m'approche de la vie
La nuit est tombée, ici comme à l'infini.

Les étoiles scintillent, la nuit est vraiment tombée
Les étoiles scintillent, les enfants n'ont pas bougé
Les étoiles scintillent, je commence à soulever
Les étoiles scintillent, le voile des secrets.

La lune luit, les étoiles scintillent toujours
La lune luit, les enfants croient que c'est le jour.
La lune luit, je suis attiré par sa lumière
La lune luit, ma voie c'est cet éther.

(Mars 1978)

Les Balbutiements

Je vis dans un temps fini
Je marche dans un espace
Je suis, quand tout est rempli.

Je ne vis plus dans un temps infini
Je ne marche plus en l'absence d'un espace
Je ne suis plus quand tout est vide.

(Avril 1978)

Les Balbutiements

.... Mais la vie a ses méandres !

Hier me promenant à travers la ville
J'ai rencontré, tout en pleurs, une petite fille.
Aussitôt, je lui demandais
« Pourquoi pleures-tu ? »

« Parce que les oiseaux ne chantent plus
Que partout foisonnent les grilles »
Me répondit-elle d'un air gentil.

« Le soleil a disparu
Et j'ai peur dans cette rue
Que les hommes dans leur folie
Détruisent toute vie.
Je voudrais les voir heureux,
Je ne puis vivre sans eux
Quand bien même j'essaierai
La vie ne serait plus très gaie.

Les Balbutiements

Pourquoi se droguent-ils ?
Quel est le but de cette idylle ?
Ils ignorent la valeur
Que représentent les fleurs.

Ils sont avides de richesses
S'enfoncent dans leur bassesse
Car ils veulent gagner sans cesse
De l'argent à toute vitesse.
Moi je n'ai que mes pleurs
Pour leur dire sans heurts
Que cette course au bonheur
Ne mène qu'au malheur.

Toi qui as su me comprendre
Essaie donc de répandre
Ce que je viens de t'apprendre
Car les hommes peuvent s'entendre.

Adieu donc et bonne chance
Parmi ces foules en transe
Sache que tout peut devenir cendre
Mais que la vie a ses méandres. »

(Avril 1978)

Cataclysme

Un jet de feu, un jet de flamme
Instantanément tout s'enflamme

Un hurlement, une débandade
Aussitôt, c'est la ruade.

Une seule intention, un seul but
Survivre.
Une seule façon, un seul moyen
Être le plus rapide.
Un seul gagnant, un seul vainqueur
Le volcan.
Une seule image, une seule vision
Un lac rougeoyant
Un seul rescapé, un seul témoin
Cet insecte.

(Avril 1978)

Je la connais, je la connais...

Le moineau.
Le merle.

Dis-moi le moineau, tu la connais ?
Oui, je la connais.
Quoi, tu la connais ?
Parfaitement, je la connais
Comment ça, tu la connais ?
C'est simple, je la connais.
Vraiment, tu en es sûr, tu la connais ?
Puisque je te le dis, je la connais.
C'est incroyable, mais tu la connais
Aussi incroyable que cela puisse paraître, je la connais.
Oh lala ! oh lala ! tu la connais !
Je la connais, je la connais...
Ainsi tu la connais ?
Eh oui, je la connais.
Alors, bravo, c'est formidable
Chantons dansons, puisqu'il la connaît !

(Mars 1978)

Les Balbutiements

J'ai voulu t'offrir le bonheur

Je n'ai trouvé que le malheur.

J'ai déclenché en toi les larmes

Et chacun a pris les armes

(Avril 1978)

Soleil

Il emplit le lycée
D'un rayon de gaieté
Pareil à l'amitié
Symbole de liberté.
Symbole de grandeur
Symbole de puissance.
Oui, il est toujours là dans mon cœur
Oui, il est là et il danse.
Il danse une ronde folle
Et tous mes soucis s'envolent
S'envolent au pays du grand Manitou
Au pays de l'oubli
Est-ce cela le paradis ?
Je ne sais pas, pour l'instant, je danse, je danse comme un fou
Je danse avec lui qui brille dans le ciel
Je danse avec lui qui le matin nous éveille
Je danse avec lui qui rayonne sans pareil
Je danse avec lui qu'on appelle Soleil.

(16 juin 1978)

Les Balbutiements

Nous voulons rester sains de corps et d'esprit ?

Alors pourquoi toutes ces drogues pour nous détruire ?

À la poubelle tous ces médicaments dont nous nous sommes épris !

À la poubelle, ils ne peuvent que nous nuire !

Nous refusons l'industrie pharmaceutique

Nous refusons cette spéculation sur la santé !

Déjà reviennent d'anciennes méthodes thérapeutiques

Notre santé n'est plus un jouet : il faut la préserver !

(1978)

Un homme assis

Je vois un homme assis
Assis devant sa télévision
Regardant ces publicités en chansons
Qui le détruisent peu à peu sans répits.
Que voit-il, l'homme ?
Rien, rien, il ne voit rien
Il n'entend rien, il ne pense à rien.

Il fredonne l'homme !
Il fredonne la toute dernière publicité
Qui vient de passer à la télé
Il la fredonne sans arrêt, sans arrêt
Mais n'imagine pas qu'il puisse ainsi se conditionner.
Pourquoi imaginerait-il quelque chose ?
N'a-t-il pas laissé ce pouvoir à la télé ?
Ne lui a-t-il pas permis de tout diriger ?
De ses pensées, de ses actes, elle doit en être la cause.

Les Balbutiements

Elle est là pour ça la télé !
Elle est là pour l'inciter à consommer
À consommer plus que ce qu'il veut
Plus que ce qu'il lui faut.
Et de l'humanité et de ses maux,
Qu'en sait-il l'homme ? Vraiment peu.
Il a vaguement vu défiler quelques images
Un jour, entre deux publicités
Mais cela ne lui a fait aucun effet.
Et dans son fauteuil il a attendu, d'autres publicités, bien sage.

Dans son regard vide
Vide de tout sentiment, de toute joie
On pourrait à peine imaginer qu'il fut autrefois intrépide,
Et qu'en son étoile il avait la foi.
Oui, on pourrait à peine imaginer
Qu'un jour il eut tout abandonné
Et que lui, l'homme fort et sans entraves
Ne serait plus qu'un vulgaire esclave.
Oui, encore une nouvelle victime
De cette maudite télé
Il a été.

Les Balbutiements

Dire qu'il l'avait reçue en prime
Et que maintenant qu'il s'y est attachée
Il ne peut plus s'en passer.
Mais l'homme, pour en arriver là, qu'a-t-il fait ?
Oui, qu'a-t-il fait l'homme ? Qu'a-t-il fait ?
Sont-elles étrangères toutes ces publicités
De sa vie enchaînée ?
Non, elles ne sont pas innocentes
Elles que la télé enfante.
Elles ne sont pas innocentes, loin de là
Elles qui prétendent tout porter sur un plat.
De sa vie misérable
Elles en sont bien les vraies coupables...
Et il sourit l'homme quand devant lui
On accuse la télé.

Et il sourit mais refuse la vérité
Refuse de sortir de sa nuit
De cette nuit terrible dans laquelle il s'enfonce,
De cette nuit qui le déchire comme des ronces,
Qui déchirent sa personnalité
À coups redoublés de publicités.

(18 juin 1978)

Temps

Temps, temps.
Combien de gens
Ont voulu, t'affrontant
Te réduire à néant !

Combien de gens se sont cabrés
Ont essayé
De te résister
Sans jamais gagner.

Ils ont essayé de bien différentes manières
Ils ont essayé en allant à la guerre
Ils ont essayé en chantant des refrains
Ils ont essayé comme les autres copains
Ils ont essayé mais ont toujours eu faim,
Car ce n'est pas aujourd'hui que le temps touche à sa fin
Ce n'est pas pour aujourd'hui ni même pour demain.

(21 juin 1978)

Les Balbutiements

Celle qu'on imitait

Au lycée, elle est arrivée un matin
Toute joyeuse et pleine d'entrain.
Ce monde, vu sous un jour tout nouveau,
Lui apparaissait alors très beau.

C'est là que près du ciel tout bleu
Elle a connu des jours heureux
Des jours empreints de chaleur
Que l'air baigné dans sa tiédeur.

C'est là que l'amitié des années passées
Peu à peu fut remplacée
Par quelque chose de plus grand et de plus sourd
Quelque chose qu'on appelait : Amour.

C'est là que longtemps elle a pleuré
Pour soulager son cœur blessé
C'est là que, éclaté en plein jour,
Elle a vu la fin d'un amour.

C'est là qu'elle a grandi et perdu sa naïveté
C'est là qu'elle a commencé à fumer
C'est là qu'elle a commencé à se donner
À n'importe qui comme celles qu'elle imitait.

Alors, peu à peu, elle a tout oublié
De son passé, de son enfance
Elle a tout oublié et a dansé en cadence :
Elle était devenue celle qu'on imitait.

(21 juin 1978)

Mélodie

J'entends au loin
Quelque chose comme une musique
Un air sympathique
Un air dont on a besoin.

Je l'entends cette mélodie
À quelques pas de moi, trotter.
Elle passe sans s'arrêter
La route est longue jusqu'à l'infini.

Elle a une sacrée manie
Cette mélodie, après chaque passage
De laisser dans son sillage

Quelque chose qui nous ravit
Une atmosphère de gaieté
Toute parfumée.

(28 juin 1978)

La vue

Des nuées ardentes
Démentes
S'enroulent
Se déroulent
Autour de la dalle
Magiques spirales.

Des nuées ardentes
Qui hantent
Cette pièce maintenant
Et ces couleurs changeant
Parfaitement rythmées
À cette dalle surchauffée.

(7 juillet 1978)

(Série "Les sens")

Le banni

Devant le bureau de tabac
Dans la rue tout en bas
Le voyageur s'arrête
Sur le comptoir une pièce jette.

Il est venu là payer une dette
Et sur sa poitrine brille le chiffre sept,
Le chiffre des mal-aimés
Le signe des condamnés.

En marge de la société
Il restera à jamais
Il sera toujours banni
À cause de ce signe maudit.

Avec courage, il devra faire face aux intempéries
Qui surviendront au cours de sa vie.
Il n'obtiendra l'aide de personne
Et devra compter sur sa seule personne.

Les Balbutiements

Dans sa tête d'étranges mots résonnent
Et une sombre litanie bourdonne.
C'est le chant de la fin
Le chant du destin.

Il lève la tête
Vers cette société qui le rejette
Au fond des yeux une lueur inquiète
Et sur sa poitrine le chiffre sept.

(23 juillet 1978)

Le ciel

Le ciel immense
Étends à l'infini
Ses nuages gris
Et son éclat intense
Et par chance
Nos prunelles ravies
Aussi grises que lui
Sont aussi immenses.

Le ciel est la vie
C'est le siège de la vie
De ses nuages gris
Il englobe la ville
Tout alors est tranquille
Dans l'air plus de bruits
Mais des nuages gris
Le ciel est la vie.

Le ciel est infini
Nos yeux aussi
Il fait tomber la pluie
Nos yeux aussi

Les Balbutiements

En lui
Nous aussi
Nous aussi comme lui
Sommes ainsi, infinis.

(16 octobre 1978)

Les Balbutiements

Dépendances

La mer
Enserre
La terre
Et la terre
Enserre
La mer.

Le captif et le gardien
Ne font plus qu'un.
Si l'un disparaissait
L'autre ne serait plus
Si l'autre disparaissait
L'un ne serait plus.

Toutes choses sont liées
Le jour ne serait
Si la nuit n'était point.

Que signifierait un jour sans fin
Un état absolument constant
Vingt-quatre heures disparaissant dans le temps ?

(21 octobre 1978)

La source

Une source jaillit de mon cœur
Un mince filet de chaleur
Qui chassera le malheur
T'apportera le bonheur.

Une source infinie de joie
T'accompagnera pas à pas
Cette source près de toi
Jamais ne tarira.

Elle est grande, ma foi
Elle est fleuve, ma foi
Cette source de joie
Que je détiens pour toi.

Pour toi ?
Jamais je ne te vois
Seule ta voix
J'entends quelquefois.

Les Balbutiements

Mais la source, ma foi
Mais le fleuve, ma foi
Ils jaillissent de moi
Ils s'approchent de toi.

La source est là
Qui tourbillonne
Tiens, prends-la
Je te la donne.

(21 octobre 1978)

Dialogue

« Je m'appelle Beauté
D'une rose suis née
Sur Vénus un été
Et je veux voyager. »

« Je m'appelle Homme
Sur Terre je suis né
Rien jamais ne m'effraie
Et la vie je la gomme.

Les Hommes sont la guerre
Je suis un Homme je fais la guerre
Contre qui et Pourquoi ?
Les ordres ne se discutent pas.

Le destin c'est moi
Je fais le jour et la nuit
J'aime ou je détruis
Le plus fort c'est moi.

Les Balbutiements

Je veux le chaos
Que s'entretuent les humains
Et par le projet "Gamin"
Je contrôlerai leur cerveau.

Mes frères comme moi
Sommes les chefs des Nations
Dans l'ombre nous agissons
Les humains ne nous voient pas.

Rien n'est plus bête qu'un humain
Ces serviles contemporains
Dès qu'ils ont à consommer
Ils sont prêts à s'entre-tuer.

Par la consommation
Nous contrôlons leurs passions
Par la consommation
Nous contrôlons les révolutions.

Déjà la musique est consommée
Déjà l'amour est consommé
Et toi tu t'appelles Beauté
Toi aussi tu seras consommée. »

(10 décembre 1978)

Délires d'un martyr du tabac.

Ici ou là-bas
Le tabac est roi
Ici ou là-bas
Le tabac est joie.
De ce bâton fumant
Merveille des merveilles
Un feu se dégage
Qui brûle nos entrailles
Dévore notre corps.
Le tabac de vie, le tabac de feu
Le tabac de mort !
J'en veux et j'en reveux du tabac de mort.
Je ne suis pas raciste moi
Regardez mes poumons
Ils sont noirs, noirs
Noirs de goudron.

Regardez mes mains
Elles tremblent, tremblent
Devant sa puissance.
Regardez-les
Elles sont initiées

Les Balbutiements

Initiées dans l'art
D'allumer des cigares
Dans l'art d'allumer le tabac
Ce tabac qui brûle notre corps
Dévore nos entrailles.
Ce tabac qui nous abrutit
Ce tabac qui nous humilie
Et nous asservit.
Tabac de ma vie
Tabac je t'envie.
Tu es puissance
Parmi les plus puissants
Tu es puissance
Chez les plus innocents.
Tabac tu es le roi
Ici ou là-bas.
tabac empereur
Tabac dictateur
Un seul ordre de toi
Et nous voilà tous là
Un seul ordre de toi
Et nous sommes tous à toi.
Et tu prends notre corps
Et tu prends notre vie
Et tu les brûles dehors
Et tu les brûles dedans.
Tabac de mort, tabac de vie
Brûle !

Les Balbutiements

Tabac de vie, tabac de mort
Brûle !
Brûle les hommes
Brûle leur corps
Brûle leur vie
Brûle-les, brûle-moi.
Que ton feu
Plus puissant que les bombes
Que tes poisons
Plus forts que les radiations
Déferlent sur la terre
Comme un raz de marée.
Serai-je donc le seul
À souffrir
Du feu du tabac
Ce feu qui me ronge
Ronge mon cœur, mon foie, mes entrailles ?...
Tous ces jeunes qui me regardent
Je les maudis
Tous les jeunes qui vont venir
Je les maudis, je les maudis

Et sur ce lit d'hôpital
Je les condamne à fumer
À fumer comme je l'ai fait
Je les condamne à perpétuité.

(1er janvier 1979)

La loi

« Comme les autres, je ferai
Sur eux je copierai
A jamais ! »
Ainsi est la loi
Ainsi va la loi
Dans notre vie ici-bas.

Écoute-moi insoumis
Écoute-moi je t'en prie
Tu es en vie aujourd'hui
Tu es en vie sur cette terre
Tu refuses le service militaire
Un jour je saurai je faire taire.

Car ainsi veut la loi
Qui règle nos pas
Qui règle nos joies
Car ainsi le veut-elle
Car ainsi le voit-elle
Cette déesse immortelle.

Les Balbutiements

Écoute-moi le rebelle
Soumets-toi devant celle
Qui est là éternelle.
Soumets-toi je te le dis
Ou tu perdras la vie
En des tortures infinies.

Vous voulez être braves
Et briser vos entraves
Mais vous êtes des esclaves.
Car ainsi veut la loi
Car ainsi va la loi
Dans notre vie ici-bas.

Car ainsi est la loi
Établie ici-bas
Car ainsi est la loi
Qui agit ici-bas
Qui agit pour nos rois.
Car ainsi est la loi !

(7 avril 1979)

Partir

Partir
Partir et ne plus revenir
Partir
Partir au loin très loin
Partir là-bas au pays des voix
Partir au pays de la joie
Partir avec toi.
Partir et sentir l'herbe sous nos pas
Partir avec ou sans toi
Partir au moins une fois
Partir peut-être à trois.
Partir
Partir et ne plus revenir
Partir
Partir et ne jamais revenir.

(18 avril 1979)

Les Balbutiements

Quand je serai grand.

Quand je serai grand
Quand j'aurai vingt ans
Je quitterai mon pays
Je quitterai ma famille et mes amis.
Quand je serai grand
Je parcourrais la France, l'Italie, l'Espagne
Je croiserai sur les trois océans
J'escaladerai l'Himalaya
Je m'envolerai au secours d'une princesse
Captive au fond d'un couvent
– Prends garde à toi manant
Si tu touches à la Belle au Bois Dormant !
Quand j'aurai vingt ans, oui
Mon sabre défendra les innocents
Et nul n'osera défier
La colère du justicier.
Quand je serai grand
Dans bien, bien longtemps
Viendra l'âge de mes vingt ans
L'âge de mes rêves géants.

(22 avril 1978)

Deux pétales de fleurs à Joachim.

Deux pétales de fleurs dans un vieux bouquin
Deux pétales de fleurs à Joachim
L'une est blonde comme les cendres
L'autre est brune comme les ambres.

Deux pétales de rire et de gaieté
Qui cherchent à s'évader
Deux pétales d'espoir et d'amitié
Sous un ciel ensoleillé.

(8 mai 1979)

Les Balbutiements

Annonces... à Joachim.

Derrière les murs des plexiclasses
Derrière les vitres et les glaces
Poly et Ester se cachent.

Derrière les murs de Joachim
Derrière les arbres du jardin
Grandissent les ombres de la fin.

Les ombres de fin d'année
S'étirent sou l'escalier
Annonces de vacances ensoleillées

Annonces gratuites du soleil
Annonces d'un Joachim toujours pareil
Annonces de son prochain sommeil.

(17 mai 1979)

Les Balbutiements

Dans l'univers oméga.

Dans l'univers oméga
Vivait une brune tourterelle
Pâle, frêle et pourtant si belle.
Dans l'univers oméga
Évoluait, ferme et un peu irréelle,
Une jeune fille aux brunes prunelles.

Elle avait pour amie
Cette brune tourterelle
Une autre tourterelle
La blonde Cathy

Et la blonde Cathy
Et la brune Sophie
Toujours grand 'amies
Vivaient - harmonie.

Dans l'univers oméga
Elles allaient à l'école
Le cœur léger, la tête frivole.
Dans l'univers oméga
Que de belles paroles
Chez ces êtres un peu folles.

Les Balbutiements

Rien n'était si joli
Que la brune Sophie
Bavardant sans répit
Avec vous mes amis.

Rien n'était si joli
Que la brune Sophie
Chantant ce mardi
Cantique et mélodies.

Dans l'univers oméga
Elle était tourterelle
Aux brunes prunelles.
Dans l'univers oméga
Elle était la plus belle
D'un monde si réel.

(9 juin 1979)

Sous le ciel

Sous le ciel éclatant
De mille couleurs
Je vois et je sens
Le soleil au labeur.

Sous le ciel éternel
Aux couleurs irréelles
Il n'est rien de pareil
Aux lueurs du soleil.

Sous le ciel infini
Par-delà l'horizon
Grandit la maison
Qui abrite mes nuits.

Sous le ciel de ma vie
Il n'est plus de saison
Qu'un si bel horizon
A fait naître aujourd'hui.

(6 juillet 1979)

Les Balbutiements

Patrick Huet devant le temple de la Sibylle (que certains surnomment aussi temple de l'amour) au sommet du Parc des Buttes Chaumont à Paris. Photo de janvier 2020.

Les Balbutiements

Du même auteur

* Thème du voyage, nature et découverte.
- Le Rhône à pied du glacier à la mer.
- Descente de la Saône à pied.
- La Seine à pied de la source à la mer.

* Romans.
- La traversée de la Manche à pied et en scaphandre
- Les Hortours - dans l'enfer de la jungle.
- Pénélope ou le mystère des trois vertus.
- Le Château des Véraliens.

* Recueils de nouvelles.
- Les Belles histoires du Lyonnais des temps jolis.

* Contes pour enfants
Tomy le petit magicien.
Clémentine la petite savante.

Note finale.

Patrick Huet a longé entièrement à pied le Rhône, la Saône et toute la Seine, chaque fois depuis la source jusqu'à l'embouchure.
À la suite de ces voyages, il a pris le nom de Fleuve-trotteur, forgé sur « Globe-trotter ». Vous trouverez des informations au sujet de ces deux autres périples sur le site « fleuve-trotteur » :
www.fleuve-trotteur.net

Les Balbutiements
